QUELQUES MOTS

SUR LA

GUYANE

FRANÇAISE

PARIS

IMPRIMERIE SCHILLER

10 & 11, FAUBOURG-MONTMARTRE

1882

QUELQUES MOTS

SUR LA

GUYANE

FRANÇAISE

QUELQUES MOTS

SUR LA

GUYANE

FRANÇAISE

⸻❦⸻

PARIS

IMPRIMERIE SCHILLER

10 & 11, FAUBOURG-MONTMARTRE

—

1882

A mes Concitoyens de la Guyane,

En vous dédiant cette modeste étude, j'ai voulu vous témoigner l'ardente sympathie que m'inspire ce beau pays de la Guyane, si méconnu et si délaissé.

Puisse-t-elle faire naître les mêmes sentiments chez ceux qui voudront bien la lire, et j'aurai atteint mon but.

N'ayant d'autre prétention que celle de faire connaître, un peu mieux qu'elle ne l'est, la prodigieuse fécondité de la colonie, et de battre en brêche les légendes puériles colportées sur son climat, j'ai voulu aussi montrer quels efforts individuels étaient chaque jour tentés pour la placer au rang que la nature lui assigne.

Toute votre jeunesse, consciente de l'énergie que vous déployez et des sacrifices que vous vous êtes imposés, veut à son tour joindre ses efforts aux vôtres; l'Université qui compte vos enfants parmi les plus zélés, témoigne, par les grades qu'elle leur décerne, de leur ambition et de leur volonté à vous seconder.

Trop délaissés par vos concitoyens de France, vous nous avez prouvé que vous trouviez dans votre amour de la patrie, la force et la volonté nécessaires pour surmonter tous les obstacles qui s'opposaient à la résurrection de la Guyane. Plus que tous autres, vous pratiquez, vous et vos enfants, les grands principes modernes : le Travail et l'Instruction.

Veuillez donc accepter ces modestes lignes comme un hommage à vos patriotiques aspirations.

L'Auteur.

PRÉFACE

A une époque où les questions économiques prennent une si large place qu'elles semblent devoir, à bref délai, dominer dans notre société moderne les questions d'ordre purement politique, l'attention publique ne pouvait manquer de se réveiller et de se porter avec plus d'insistance que par le passé sur la question coloniale. Ce réveil a tout particulièrement sa raison d'être en France.

L'industrie a pris dans notre siècle une si rapide et si formidable extension qu'elle est devenue pour les peuples industriels le principe même de vie de leur organisme social ; c'est un rouage qui fonctionne et doit fonctionner sans cesse ; car, semblable à la machine qui, une fois en mouvement, serait brusquement enrayée, le moindre arrêt dans sa marche engendrerait aussitôt les plus graves désordres.

Mais cette obligation de produire sans interruption a pour conséquence immédiate l'écoulement des objets produits. Cette conséquence, dans les conditions économiques de notre époque, est si rigoureuse, qu'un peuple industriel qui ne se serait pas assuré d'un débouché au trop plein de sa fabrication, serait frappé de mort et déclinerait rapidement. Nos voisins les Belges l'ont compris ; aussi, après ne s'être, jusqu'à présent, occupé que de produire, cherchent-ils aujourd'hui à se créer au dehors des centres d'écoulement.

En France, en sommes-nous là ? Oui ; nous ne pouvons, nous ne devons plus nous le dissimuler.

Pendant longtemps nous avons partagé avec les Anglais le titre de *fournisseurs du monde*. Tous les peuples, à des degrés divers, étaient nos tributaires ; sur tous les marchés, nos articles, productions industrielles ou artistiques, étaient recherchés. Cette situation, nous ne l'avons plus.

L'Amérique du Nord qui s'approvisionnait autrefois si largement chez nous est arrivée, par le développement de son industrie, si rapide qu'il restera comme une des merveilles de notre siècle, à suffire à tous ses besoins. En échange de ses céréales, nous n'avions plus guère que nos vins à importer chez elle, et encore M. le ministre du commerce nous apprend-il, par sa lettre au président de la Chambre de

Commerce de Reims, que l'Amérique entreprend aujourd'hui, et non sans succès, la fabrication des *vins de Champagne*. C'est pour notre exportation une nouvelle perte annuelle de plusieurs millions.

Bien mieux, l'Allemagne qui autrefois importait de France presque tous nos articles, non seulement aujourd'hui suffit à sa consommation, mais encore, par l'extrême bon marché de ses produits, nous enlève peu à peu notre clientèle de l'Amérique du Sud.

Autant en pourrions-nous dire de l'Autriche, de la Russie, de l'Espagne, de l'Italie.

L'Angleterre, elle, n'a pas eu à souffrir au même degré de cette concurrence si soudaine, parce qu'elle trouve toujours dans ses colonies et ses comptoirs une clientèle fidèle et un écoulement assuré à ses marchandises. Nous la voyons, néanmoins, chercher chaque jour à étendre son empire colonial, déjà si vaste qu'on pourrait faire le tour du monde sans sortir des eaux anglaises.

Notre patrimoine à nous est assez beau pour que nous puissions assister en spectateurs indifférents à cet accaparement continu de nos voisins. Contentons-nous de mettre en valeur nos colonies, de leur faire produire les richesses qu'elles renferment et, en échange, dotons-les du bien-être et des bienfaits de notre civilisation. En un mot, faisons hardiment de la colonisation. Notre marine marchande assurée d'un frêt qui actuellement lui manque, se relèvera de sa décadence, notre commerce et notre industrie reprendront leur essor. Enfin, disons-nous bien que si les colonies font la richesse d'un peuple, elles font encore sa grandeur en portant au loin son influence et le prestige de son pavillon. Travaillons donc à relever nos colonies, et nous travaillerons en même temps à maintenir à la France le rang que son histoire et son génie lui assignent dans le monde.

Parmi nos colonies, il n'en est pas qui mérite d'attirer plus particulièrement notre attention et nos efforts que la Guyane, la plus riche de toutes par la fécondité extraordinaire de son sol, par l'excellence et la variété de ses produits, et par ses gisements aurifères. Dans ce magnifique pays, si injustement délaissé jusqu'ici, l'industrie de l'homme peut s'exercer en tous sens, sans crainte de l'insuccès. Déjà quelques Guyanais se sont mis résolûment à la tâche. A nous de les suivre dans la voie qu'ils ouvrent devant nous, à nous de les aider de notre courage et de notre génie industriel. Nos efforts auront vite leur récompense, et nous aurons fait œuvre utile pour la France.

CHAPITRE PREMIER

Aperçu géographique. — Son histoire.

La Guyane française, bornée à l'est par la rivière l'Oyapok, à l'ouest par la rivière Maroni, au nord par le littoral de l'Atlantique sur un développement de côtes de 500 kilomètres environ, s'enfonce au sud dans les territoires encore inexplorés du 2e degré de latitude. Sa superficie totale est d'environ 150,000 kilomètres carrés.

Le système orographique se compose de deux chaînes parallèles se détachant de la Cordillère du Nord et courant de l'est à l'ouest. Sur ces deux chaînes viennent s'appuyer perpendiculairement de nombreux contreforts qui s'avancent dans la direction des côtes.

C'est de ces deux chaînes, et en suivant la ligne du thalweg des contreforts, que descendent les fleuves : l'Oyapok, l'Ouanary, l'Approuague, la Comté, le Mahury, le Kourou, le Sinnamary, la Mana, le Maroni. Ces fleuves, dont le cours de quelques-uns n'est pas inférieur à 6 et 700 kilomètres, et dont la marche est à chaque pas arrêtée par des *sauts* formidables, se jettent dans l'Océan Atlantique par de larges estuaires qui atteignent, comme celui de l'Oyapok et celui de l'Approuague, jusqu'à cinq kilomètres de largeur à l'embouchure.

La nature s'est montrée mère prodigue pour cette partie du continent américain.

Sur le littoral, les terres basses, que malheureusement sur *certains points* des travaux d'art ne défendent pas contre l'envahissement de la mer, sont des plus favorables à la culture de tous les produits coloniaux.

Les terres hautes qui commencent généralement aux premiers sauts des rivières, sont couvertes de forêts où se rencontrent les essences les plus variées et les plus précieuses.

C'est aussi dans ces terres hautes que courent les deux zones aurifères signalées par le naturaliste Le Blond, et dont l'exploitation, encore à son début, après avoir fait la fortune de quelques Guyanais entreprenants, promet à notre possession le merveilleux mouvement de colonisation qui, en Californie et en Australie, a suivi la découverte de leurs placers.

L'histoire de la Guyane française est, hélas, l'histoire de toutes nos colonies.

La puissance coloniale devinée par Richelieu, voulue deux siècles plus tard par Napoléon, a été sacrifiée par nos gouvernants des dix-septième et dix-huitième siècles à la politique continentale. Nous n'avons pas la prétention de refaire, dans un cadre aussi étroit, l'historique de notre empire colonial, mais nous croyons bon de mettre sous les yeux de nos lecteurs les principales phases de l'histoire de notre colonie.

La Guyane, découverte, dit-on, par Christophe Colomb en 1498, visitée quelques mois plu tard par Améric Vespuce, ne fut réellement reconnue que par Vincent Yanez (1) Pinçon, qui lui donna son nom.

Dans le courant du seizième siècle, de nombreux aventuriers, attirés par l'espoir de découvrir les immenses trésors accumulés, disait-on, par les Incas dans la ville de Manoa del Dorado, s'élancèrent vers la Guyane. Déçus dans leur illusion, ils rendirent du moins à la Guyane le service de faire connaître en Europe les richesses de toute nature qu'elle renferme.

Vers 1626, plusieurs négociants de Rouen envoyèrent une colonie de quelques hommes qui s'établirent sur les bords du Sinnamary.

Quelques expéditions qui suivirent portèrent cette colonie à environ 200 hommes.

Presqu'à la même époque, quelques Anglais s'éta-

---

(1) Yanez-Guyane.

blirent à Cabassou et des Hollandais dans l'île de Cayenne.

En 1633, d'autres marchands formèrent une Société et obtinrent, par lettres patentes, le droit de commercer dans la Guyane et de s'établir « dans tous » les pays non habités par aucuns princes chrétiens » entre la rivière d'Orénoque, icelle comprise, jus- » qu'à celle de l'Amazone, icelle comprise. »

En 1643, se forma une nouvelle Société qui obtint, par lettres patentes, les mêmes avantages que la précédente, à condition de faire des établissements dans le pays et de le peupler. Mais les actes de cruauté du sieur de Brétigny, qui commandait la première expédition, lui attirèrent les représailles des Indiens qui massacrèrent les Européens. Vingt-cinq seulement purent échapper au massacre.

Une nouvelle expédition, envoyée par la Société deux ans après, ne réussit pas mieux. Les hommes qui la composaient, découragés par les récits de leurs compatriotes, se rembarquèrent presque aussi-tôt. Quelques-uns d'entre eux, plus hardis, voulurent rester, mais peu de temps après, ils tombaient sous les coups des Indiens.

En 1651 une nouvelle Compagnie obtint des lettres patentes révoquant les concessions accor-dées précédemment aux autres Sociétés, mais elle ne réussit pas mieux que ses devancières. La mésintelligence qui se glissa parmi les chefs, les procédés violents dont ils usèrent envers les indigènes, la difficulté de ravitaillement dans un pays hostile, furent cause d'un nouveau désastre. Quelques hommes seulement, sur les huit cents qui composaient cette expédition, purent se réfugier à Surinam occupée par les Hollandais.

En 1664, une nouvelle Compagnie se forma. Plus puissante que ses devancières, elle obtint en toute propriété, avec les droits de seigneurie et de justice, toutes nos possessions de l'Amérique : le Canada, les Antilles, Terre-Neuve, l'île de Cayenne. Le roi ne se réservait que l'hommage-lige et une couronne d'or du poids de trente marcs à chaque mutation de règne.

M. de la Barre fut le représentant de la Compagnie à Cayenne. C'est sous son administration que les pères Jean Grillet et François Béchamel, de l'ordre des Jésuites, firent dans l'intérieur un voyage d'exploration dont ils ont laissé la relation.

En 1674 la Guyane fait retour à l'administration royale. C'est aussi vers cette époque que se place l'attaque et la prise de nos possessions par les Hollandais ; mais leur conquête ne fut pas de longue durée.

M. d'Estrées, à la tête d'une flottille de dix vaisseaux, les chasse de notre colonie et détruit leurs établissements d'Oyapok et d'Approuague.

Depuis ce moment, le commerce et la culture des terres prennent plus de développement. Les Européens échangent avec les Indiens des armes, du fer, reçoivent en échange du cacao, du coton. Les pères Jésuites parcourent le territoire, construisent des églises qui deviennent peu à peu des centres de population. Mais les incursions réitérées des Portugais sur notre territoire menacent la colonie et, par le traité d'Utrecht, nous renonçons « à la propriété des terres du Cap Nord situées entre la rivière des Amazones et celle d'Iapok. » Cette clause permet aux Portugais de confondre cette dernière rivière avec la rivière d'Oyapok et les limites de notre possession restent incertaines.

En 1716, le café est importé à la Guyane et les résultats merveilleux que donne cette culture ne tardent pas à en faire la principale source de revenus de la colonie.

Vers le milieu du dix-huitième siècle, la population s'élève à plus de 3,000 habitants.

En 1763, le gouvernement français prépare une expédition de 12,000 colons. Mais l'imprévoyance, la mauvaise administration qui président à cette expédition ne permettent pas de la mener à bien ; 2,000 colons seulement parviennent à rentrer en France.

A la suite de cette expédition, une Compagnie se forme sous les auspices du duc de Praslin, ministre de la marine, mais elle ne réussit pas mieux.

C'est alors que le gouvernement s'avisa d'envoyer un homme éclairé et résolu qui fût capable de se rendre compte des causes de ces trop nombreux désas-

tres. M. Malouet, qui fut choisi, commença par étudier à Surinam l'administration hollandaise, puis
entreprit à la Guyane française plusieurs voyages
d'exploration qui lui permirent de comprendre le
grand développement agricole et commercial que
pouvait prendre la colonie. Malheureusement, sa
santé l'obligeant à rentrer en France, il ne put donner
suite aux grands projets qu'il avait conçus. Mais ses
études ne furent pas perdues ; elles furent, pour la
plupart, mises en pratique par les gouverneurs qui lui
succédèrent.

Les décrets de la Convention nationale, abolissant
l'esclavage, produisent de grands troubles dans la
colonie. Les nègres désertent les exploitations agricoles qui dépérissent rapidement.

Bonaparte comprenant que toute la puissance de
l'Angleterre réside dans ses colonies, cherche à donner une vigoureuse impulsion à nos possessions. Il
conçoit le projet de faire de la Guyane française la
plus puissante de nos colonies. Malheureusement, il
est détourné de cette grande idée par les événements
qui l'obligent à concentrer sur la politique continentale tout son génie et toutes ses forces.

En 1808, notre colonie est conquise par les Anglais
et les Portugais et remise à ces derniers. En 1814,
enfin, elle fait retour à la France.

Depuis cette époque, bien des essais, bien des tentatives ont été faits. Mais, isolés ou n'étant pas sou-
tenus jusqu'au bout, ils n'ont pas produit les résul-

2

tats qu'ils faisaient espérer. L'émancipation des esclaves décrétée par l'Assemblée de 1848 eut pour conséquence l'abandon immédiat de toutes les exploitations agricoles.

La création d'une Banque, la découverte des mines d'or, l'exploitation des bois, commencèrent cependant à rappeler l'attention publique sur notre colonie. Mais le manque de bras ne permettait pas encore de mettre en valeur toutes les richesses du sol. On tentait bien des immigrations, mais sans ligne de conduite, sans plan suivi, sans énergie. Le gouvernement anglais interdisait le transport de ses coolies indiens.

En vain nos compatriotes guyanais s'imposent-ils les plus lourds sacrifices pour établir un courant suivi d'immigration, en vain adressent-ils au gouvernement leurs doléances, il faut bien reconnaître aujourd'hui que cette grave question, de laquelle dépend la vie et la prospérité de notre colonie, ne peut être résolue que par des hommes décidés à se passer du concours de l'administration, par trop soumise à l'influence anglaise. Ce n'est que par l'effort individuel, soutenu et encouragé, il est vrai, par leur gouvernement, que les Anglais sont arrivés à établir leur prédominance coloniale. Ce n'est également que par l'énergie et l'initiative privée, encouragée par notre administration, actuellement plus soucieuse des intérêts de nos colonies, que nous arriverons à assurer à la Guyane française le rang qu'elle mérite d'occuper dans notre empire colonial.

CHAPITRE II

La situation actuelle.

Le chapitre précédent, en nous montrant le rang que la Guyane française devrait tenir dans notre domaine colonial, nous permet aussi d'établir un triste parallèle entre elle et ses voisines, la Guyane anglaise et la Guyane hollandaise.

Toutes multiples que soient les causes d'infériorité de notre colonie, nous sommes persuadé qu'il serait cependant facile de les faire disparaître : il suffirait pour cela de faire preuve d'un peu d'esprit pratique. Mais il semble que tous les efforts, quelqu'énergiques ou désintéressés qu'ils aient pu être jusqu'à ce jour, se soient brisés contre un parti pris de ne rien faire pour le développement de ce pays cependant si riche et si fertile.

A la suite de l'abandon dans lequel était laissée notre belle colonie, le problème capital, vital même, était certes celui de l'émigration.

Une émigration large et bien entendue pouvait

seule fournir les bras sans lesquels tout effort restait stérile sans lesquels, agriculture, industrie, commerce ne pouvaient recevoir une impulsion sérieuse.

N'est-il pas amèrement triste, en présence de la prodigalité de la nature, de la fécondité du sol, de voir que la population même de Cayenne, ne peut trouver chez elle les éléments nécessaires à son alimentation, à sa vie quotidienne. N'est-on pas frappé de stupéfaction quand on lit que Cayenne a manqué de pain et de vin et qu'elle a failli manquer de viande il y a peu de jours encore.

De tels faits se passent de commentaires ; ils prouvent que cette grave question de l'émigration, malgré l'opposition inqualifiable, disons ridicule, qu'elle rencontre, devra trouver sa solution.

Quelques esprits chagrins, ou simplement rêveurs, ont vu dans l'exploitation des riches placers d'or de la colonie, comme une sorte de détournement des ouvriers des travaux des champs ou de l'agriculture, lorsqu'ils auraient dû ne voir dans ces découvertes, que l'heureux moyen de trouver à la Guyane les ressources nécessaires à la Guyane même.

Ceci est tellement vrai, que les propriétaires de ces gisements, loin de s'endormir dans les délices que pourraient leur créer leurs fortunes si rapides, semblent, au contraire, dans leur amour qu'ils ont pour la colonie, n'avoir trouvé que les moyens de contribuer d'une façon plus efficace à son développement agricole.

Les exemples sont multiples, et quels qu'aient été les difficultés sans cesse renaissantes, qui auraient rebuté beaucoup d'autres qu'eux, ils n'en persistent pas moins, et nous n'hésitons pas à affirmer que si leurs efforts étaient tant soit peu secondés, les résultats seraient si brillants qu'ils convaincraient les incrédules.

L'un d'entre eux, surtout, s'est distingué dans cette œuvre éminemment patriotique et humanitaire. Après avoir découvert l'un des plus riches placers d'or connus, au lieu de se contenter de jouir en paix d'une fortune heureuse, mais acquise au prix des mille dangers que présente cette dure existence des placers, le courageux explorateur pensa qu'il avait une grande mission à remplir et que cet or que la Guyane lui avait donné, devait contribuer à la fortune de la Guyane. Il se mit bravement à l'œuvre; fit importer à grands frais du bétail à quelques lieues de Cayenne, pour soustraire la capitale de la Colonie à la dépendance de l'administration et de l'étranger. Plus près, il montait des distilleries. Puis, pour donner à la culture le développement que comportait son programme, il tentait à ses risques et périls une émigration.

En dépit des difficultés, malgré les obstacles de toute nature, ne se laissant pas rebuter par l'insuccès de ses tentatives, il poursuit opiniâtrement et modestement, pouvons-nous ajouter, son œuvre de régénération.

Tous ceux qui s'intéressent à notre belle colonie, tous ceux qui sont au courant des événements qui s'y passent, ont déjà reconnu le vaillant colon auquel nous faisons allusion. Pour les autres, nous croyons qu'il est de notre devoir de nommer M. Vitalo, le premier propriétaire du placer Saint-Elie.

De tels exemples sont cependant rares, même chez nos voisins les Anglais dont nous admirons pourtant si volontiers l'esprit pratique : aussi ne saurait-on assez les propager, surtout en ce moment où, par suite des révolutions économiques et financières qui ont lieu sur tous les points du globe, il devient si nécessaire de faire rendre à nos colonies, les mille trésors qu'elles renferment.

L'ère nouvelle qu'inaugure le gouvernement de la République pour nos colonies, fait espérer que cette grave question aura bientôt enfin une solution.

Quelqu'éloignée que soit notre colonie, quelque légère que soit notre attention pour ces questions, la ténacité des efforts qui se font chaque jour, malgré la force d'inertie qu'ils rencontrent, a fini par triompher de notre indifférence.

La question coloniale grandit chaque jour, et chacun finit par comprendre que, sans colonies, une nation grande ou petite s'étiole tôt ou tard.

Cette loi que les anciens ont si bien comprise, et que tous les Etats modernes cherchent à appliquer également, reprend enfin ses droits et s'impose de plus en plus.

Il suffirait de citer encore l'Angletere, la Russie, l'Espagne, le Portugal, la Hollande ; mais à ces exemples si frappants, nous pouvons ajouter celui de la Belgique, si riche, si industrielle, si laborieuse, et qui, ne trouvant plus dans les colonies de son ancienne suzeraine la Hollande, l'écoulement de ses produits, cherche à fonder, en Afrique, des comptoirs pour y établir des marchés que lui refusent l'ancien et le nouveau monde. Chaque peuple produit pour lui, et cherche par l'application des nouvelles doctrines financières, à produire pour son voisin, mais cette immense concurrence dans la production n'a pas le don d'augmenter la consommation.

En admettant que nos colonies reçussent cette impulsion qui crée les grands centres, elles deviendraient un véritable marché de consommation pour les produits fabriqués par la mère-patrie et elles exporteraient en échange toutes les matières premières que nous transformerions sans avoir besoin de nous adresser sans cesse à nos concurrents.

Considérons un instant ce qui se passe dans notre colonie de la Guyane.

Nul n'ignore que le café de Cayenne, par exemple, est de première qualité : Cayenne cependant achète son café à la Guyane anglaise.

Nul n'ignore que la terre de la Guyane est des plus favorables à la culture de la canne à sucre ; Cayenne pourtant achète la plus grande partie de ses sucres à la Guyane anglaise.

Légumes frais, farine, biscuits, cotonnades, viandes
fraîches, viandes salées, œufs, etc., etc., viennent, en
grande partie, de la Guyane anglaise ou de la
Guyane hollandaise.

La réponse aux demandes étonnées qui sont faites
est toujours la même :

Manque de bras ! Surinam, Demerary ont des bras,
Cayenne seule en manque !

Pourquoi ?

La raison en est bien simple :

Si vous parlez immigration africaine, bien vite on
vous répond qu'elle est impossible, que les traités
internationaux s'opposent à telle ou telle mesure,
qu'il faut éviter toute chose qui ressemble à la
traite.

Si vous parlez immigration indienne, on objecte
que l'Angleterre a refusé à ses coolies l'autorisation
d'émigrer.

Mais n'avons-nous pas des possessions aux Indes,
au Tonkin, qui nous permettent de fournir un nombre
important de travailleurs ?

Est-ce que l'Angleterre ne jette pas chaque jour
dans ses colonies des milliers d'immigrants noirs ou
coolies?

Nous savons trop bien ce que valent les protesta-
tions soi-disant humanitaires de notre voisine pour
nous arrêter sérieusement à ces raisons.

Notre législation, plus que toute autre, donne aide
et protection à tout travailleur, quelle que soit sa

race ou sa couleur, et notre nature est rebelle, heureusement, à ces sots et stupides préjugés qui empêchent de considérer comme concitoyens les enfants même adoptifs d'un autre pays.

L'émigration d'où qu'elle vienne sera donc toujours sûre de trouver sur le sol français une hospitalité qui souvent lui ferait défaut ailleurs.

Pour la rendre plus efficace encore, il serait possible, facile même, d'organiser un service de surveillance et de contrôle qui permettrait d'assurer à l'émigrant l'exécution fidèle de l'engagement contracté; de l'attacher au sol par la possession d'un terrain, qu'il serait tenu de cultiver, et pour la mise en culture duquel il recevrait une légère avance dans de certaines conditions.

Lorsque les premières tentatives auront été sérieusement faites, il n'est pas douteux que l'impulsion une fois donnée, le chemin de la Guyane ne soit promptement suivi.

On a beaucoup critiqué, nous le disons plus haut, l'exploitation des placers. Cette critique est en vérité bien enfantine, et ces observations mériteraient à peine d'être discutées si elles n'avaient trouvé quelqu'écho auprès de gens plus épris de théorie que de pratique.

Les résultats obtenus dans la Californie et dans l'Australie, suffisent à montrer ce que pourrait un pays aussi riche que la Guyane.

Les exploitations aurifères finissent fatalement

par créer des centres, ces centres forment des vil-
lages, des bourgs, des villes, tout comme cela a eu
lieu au Colorado, en Australie, partout en un mot
où se trouve l'or.

On a prétendu qu'elles n'engendreraient qu'une
population flottante qui disparaîtait avec son trésor.
Sans aller chercher bien loin des arguments pour
démontrer la fausseté de cette assertion, il suffirait
de rappeler l'exemple que nous citions plus haut.
Grand industriel, comme mineur, grand cultiva-
teur et colonisateur, M. Vitalo a déjà rendu ample-
ment à la Guyane les richesses qu'il lui devait.

En voulant frapper d'ostracisme cette grande et
belle industrie, ne semble-t-il pas que l'on veuille
donner le dernier coup à l'existence de la colonie.

Et cependant, qu'était la ville de Cayenne il y a
quelques années encore? Ce nom ne réveillait que
souvenirs pénibles, n'excitait que la crainte. La découverte des placers, éveillant l'attention publique,
on a plus posément étudié le pays, et on a fini par
se convaincre que les histoires si sombres qui étaient
racontées, n'étaient souvent que l'invention d'un
voyageur désireux de mettre en pratique le fameux
proverbe : « A beau mentir, qui vient de loin. »

Ne médisons donc pas de cette industrie qui nous
donne ce précieux métal auquel ses plus acharnés
détracteurs sacrifient tant !

Que le gouvernement local impose au concession-
naire certaines obligations en échange de ses con-

cessions, qu'il organise un service d'inspection sérieux, intègre, qu'il tienne la main à l'exécution des charges imposées, qu'il contrôle la situation des ouvriers, et, loin de nuire à la colonie, ses gisements aurifères seront une des principales causes de sa prospérité dans l'avenir.

Mais si aux richesses minières enfermées dans son sein, on compare les trésors qu'elle serait susceptible de produire avec peu d'efforts, on reste stupéfait de l'apathie de la mère-patrie vis-à-vis de ce beau pays.

Nous avons cité la diversité des produits de la Guyane, dont pas un n'est l'objet d'un commerce important ou d'une exploitation sérieuse.

Au premier rang, se place la culture de la *canne à sucre :* nulle part peut-être le sol ne s'y prête aussi bien, et cependant pas une plantation sérieuse n'a pu se faire depuis quarante ans, faute de bras.

Les anciennes habitations délaissées témoignent de leur splendeur : les usines abandonnées, les terres autrefois cultivées, envahies par les eaux ou par la végétation si luxuriante des tropiques, retournent insensiblement à l'état sauvage, et tandis qu'à quelques lieues, les plantations se développent, qu'à Demerary et à Surinam, la population s'accroît d'une façon constante, que chaque jour, les navires en chargement témoignent de la richesse, de l'activité de nos voisins, que les voies de communication se multiplient, que les chemins de fer se constrinsent, Cayenne, la mieux située, la plus saine, Cayenne se voit envahie par les eaux dont les voies d'écoulement s'obstruent, Cayenne menace de se transformer en marais !

Et cela, au moment où un Français, aidé d'une Compagnie française, exécute, dans une partie de l'Amérique une œuvre gigantesque conçue par des Français ; cela, au moment ou un vieillard, notre grand concitoyen M. de Lesseps, montre à l'univers entier, ce que peut une volonté invincible contre les préjugés ou l'égoïsme de puissants Etats.

Ne nous a-t-il pas prouvé, celui-là, que devant l'énergie et la raison tout plie, et cependant, l'obstacle qu'il fallait renverser était autrement solide que celui que rencontrent les patriotes guyanais.

Il ne faut donc pas se rebuter ; qu'on se souvienne des nobles existences sacrifiées à cette œuvre grandiose qui s'appelle Panama, qu'on n'oublie pas les noms des Bixio, Brooks, Musso, Lacharme, qui on payé de leur vie le triomphe de leur projet ; qu'on se rappelle que ce n'est que par l'opiniâtre énergie que l'on renverse toutes les barrières.

Fortifiés par ces souvenirs, les hommes qui chaque jour tentent de nouveaux efforts pour le relèvement de leur pays, doivent chaque jour les renouveler.

Si notre agriculture de la Guyane peut arriver à trouver les bras nécessaires, nous sommes certains du prompt, très prompt développement de sa prospérité.

Il faut trouver ces bras coûte que coûte ; que l'Afrique, l'Inde, la Chine, le Tonkin, nous apportent chacun leur contingent et les résultats dépasseront l'effort.

Mais pour atteindre ce but, l'initiative individuelle est-elle suffisante ? N'est-il pas à craindre que l'initiative d'un seul ne se brise contre les difficultés inévitables que rencontre forcément une œuvre semblable ? Nous estimons qu'il faut l'effort concentré de plusieurs ; il faut que chacun de ceux qui aiment leur pays, qui veulent son relèvement, se groupent pour former faisceau, il faut que le vieil axiome « l'union fait la force » devienne leur maxime.

La Guyane possède un conseil général dont les larges attributions le font ressembler à un petit parlement : il a une certaine autonomie administrative, c'est à lui qu'incombe aujourd'hui le devoir de prendre énergiquement les mesures nécessaires pour faciliter la solution de cet important problème.

Il faut qu'il envisage sans illusion comme sans faiblesse la situation que créerait au pays la prolongation de l'état actuel des choses ; il trouvera aujourd'hui auprès du ministre de la marine et de la direction des colonies un appui et un aide, qu'il n'aurait certes pas rencontrés pendant de longues années.

Les hommes susceptibles d'apprécier ces questions sont rares ; le conseil général de la Guyane ne devra pas perdre l'occasion de faire entendre ses demandes qui, actuellement plus que jamais, ont la chance d'être écoutées, comprises et résolues.

Car on ne saurait croire à quel degré est arrivée la pénurie des ouvriers.

Quelques personnes expertes en la matière disaient devant nous que grâce aux admirables machines agricoles qui existent maintenant, une exploitation importante pourrait être faite avec un nombre restreint d'ouvriers. Mais lorsque la réponse à ces observations fort justes leur fit comprendre qu'il était impossible de se procurer deux cents ouvriers à Cayenne ou aux environs pour les travaux agricoles, elles furent obligées de confesser que les meilleures machines devenaient absolument inutiles dans ces conditions. Si invraisemblable que puisse paraître cette dernière assertion elle est absolument exacte !

Nous avons appris qu'une tentative coûteuse était faite en ce moment par ce même Guyanais dont nous parlons plus haut, pour faciliter de nouveau une émigration en Guyane.

Enfant du pays, en connaissant et les ressources et les besoins, ses efforts se portent vers une immigration africaine, dont la race puissante et résistante permet d'affronter sans difficulté les travaux de défrichement agricole.

Puisse cette nouvelle tentative être couronnée de succès, ce sera un nouveau et signalé service rendu à la Guyane et au pays tout entier.

On se figure aisément quels résultats pourrait

avoir l'exécution d'un pareil plan exécuté par un homme seul. Ce serait la première plantation importante de la Guyane qui renaîtrait et ramènerait un mouvement commercial dans le port si désert de Cayenne ; or, personne n'ignore ce que peut donner de vie et engendrer de commerces divers un mouvement maritime dans une colonie telle que la Guyane.

Une fois la voie tracée, elle sera vivement suivie par ceux qui, plus timorés, plus craintifs, attendent que l'expérience ait été faite par un autre.

A quelque point de vue qu'on se place, de tels efforts doivent être encouragés. A ceux qui, quelle que soit leur race, tiennent haut et ferme le drapeau national et défendent les intérêts de la patrie, nous devons nos félicitations, nos remerciements.

Tant de fortunes bien ou mal acquises, se confinent dans leur égoïsme, qu'il est bon de dire à celles qui s'utilisent pour le bien public qu'elles ne sont point inconnues, et nous sommes heureux de pouvoir, dans ce modeste écrit, le proclamer.

Quel que soit du reste le résultat de l'effort personnel qui se produit de ce côté, nous n'ignorons pas que depuis quelque temps une Société, sous la dénomination de « Compagnie de la Guyane », s'est constituée dans l'unique but de faire toutes les études propres à relever l'agriculture et l'industrie de notre colonie.

Cette Compagnie viendra en son temps et à son

heure apporter son actif et ardent concours aux efforts de nos concitoyens créoles.

Mais pour n'entrer dans la carrière que bien armée et bien outillée, nous nous permettrons de conseiller à cette jeune Compagnie de se livrer tout d'abord et spécialement à l'étude des questions industrielles et agricoles susceptibles de recevoir une application pratique.

Ce ne serait que lorsque ces études auraient été sérieusement et minutieusement faites et revues qu'elle entreprendrait leur mise à exécution.

Faut-il désespérer du résultat? Non, certes, aujourd'hui moins que jamais.

Un mouvement important, quoique encore peu efficace, se produit en faveur de nos colonies, un désir encore indéfini, mais parfaitement sensible, d'en faciliter le développement, indique que les esprits se portent vers ces questions.

Il est de notre devoir à tous de donner notre concours à cette évolution, ne le marchandons pas !

En esquissant rapidement les industries diverses qui peuvent être faites à la Guyane, nous aurons rempli le modeste but que nous nous étions tracé, c'est-à-dire tenter d'apporter notre pierre à la reconstitution de notre colonie et mettre en évidence les patriotes, ignorés ici, qui, en luttant pour la renaissance de la Guyane, travaillent à la grandeur de la France.

CHAPITRE III

Cultures.

De toutes les cultures, celle de la canne à sucre s'impose en première ligne ; l'importance de ses résultats n'a pas besoin d'être démontrée : Bourbon, la Martinique, la Guadeloupe, la Havane, etc., nous ont prouvé quels bénéfices donne cette plantation.

L'immense territoire qui compose ce que l'on appelle communément l'Ile de Cayenne et toute la côte orientale du Mahury pourraient facilement être transformés en terres propres à la culture de la canne à sucre.

Si l'on se reporte à l'ancien état de l'Ile de Cayenne, on voit que plus de vingt grandes habitations et sucreries y florissaient ; mais, par suite de l'abandon dans lequel sont tombées ces entreprises, toutes ou presque toutes ont disparu, et leurs ruines ne sont là que pour attester que cette culture si florissante pourrait être reprise avec succès.

Pour atteindre ce but et rendre à la plantation la majeure partie de ce territoire, il y aurait une série de travaux indispensables à exécuter, tant pour l'assainissement du pays, que pour le dessèchement des terres qui sont actuellement transformées, la plupart, en véritables marécages.

Le canal de la *Crique Fouillée*, si utile, soit pour l'écoulement des eaux, soit comme voie importante de transport, est actuellement dans un tel état d'ensablement que ses eaux, se déversant sur les deux rives, ont submergé une grande partie des terres qu'il parcourt. Aussi tous les cours d'eaux latéraux, naturels ou créés par la main de l'homme, ne trouvant plus d'écoulement, ont subi eux-mêmes cet embourbement et deviennent chaque jour la cause de nouvelles inondations.

Par conséquent, pour rendre cultivable l'immense territoire qui s'étend sur les deux rives du canal de la *Crique Fouillée*, il est nécessaire de considérer le draguage du canal et des cours latéraux comme s'imposant d'une façon absolue (1).

Sur ces terres actuellement submergées et rendues au travail par un drainage bien compris, pourraient s'élever de splendides habitations dans le genre de

---

(1) Nous avons appris que ces travaux avaient été sollicités par la *Compagnie de la Guyane* qui avait fait les études nécessaires à leur prompte exécution. Nous espérons que l'administration saura profiter de cette initiative dont les suites seraient si fécondes pour notre colonie.

celles qu'admirent volontiers les voyageurs qui se rendent à Demerary.

La mise en culture de la canne revient à environ 500 fr. par hectare, à prix moyen établi aussi bien dans les colonies anglaises que dans les colonies espagnoles, portugaises ou hollandaises.

Chaque hectare produit environ 50,000 kil. de canne, qui, une fois traités par l'usine à sucre, donnent à la vente un bénéfice net moyen de 12 fr. par 1,000 kil. de canne, impôt compris, soit un bénéfice net, par hectare, d'environ 600 fr., et dans ce chiffre nous ne faisons pas entrer en ligne de compte le bénéfice de la culture.

On voit donc quels bénéfices énormes atteindrait une exploitation de 10 à 20,000 hectares.

Ne serait-on pas en droit, en présence de ces résultats, de compter sur le concours du gouvernement et de l'administration locale, qui, par certaines mesures douanières, faciliteraient des tentatives si intéressantes et pour la colonie et pour l'industrie entière du pays.

Mais si, grâce aux travaux partiels qui seraient entrepris sur un point de la colonie, on arrivait à détruire les préjugés si profondément enracinés sur la Guyane, il ne faut pas se dissimuler que la question des travailleurs viendrait là encore s'imposer.

Or, une culture faite au moyen des puissantes machines agricoles employées aujourd'hui dans toutes les colonies, exige néanmoins un certain nombre de travailleurs. Ce nombre est estimé à raison de six à huit hommes par 10 hectares.

En estimant que 20,000 hectares fussent mis en culture par divers propriétaires ou sociétés, ce serait donc un chiffre de 16,000 hommes qu'il faudrait trouver, en tenant compte des non valeurs résultant soit du chomage, soit des maladies ou autres causes.

Ce chiffre, important au premier abord, ne pourrait être utilisé tout de suite pour la culture de la canne, mais en admettant qu'il fut possible de se le procurer, il trouverait néanmoins immédiatement dans d'autres travaux son emploi.

Personne n'ignore l'immense consommation de sucres de toutes sortes qui se fait annuellement. N'est-il pas pénible de voir qu'avec ses fertiles colonies, la France soit encore tributaire de l'étranger pour la majeure partie des produits bruts qui sont importés et traités chez elle ?

Il importe de relever cette industrie à la Guyane et ceux qui, malgré les difficultés qu'ils rencontrent à chaque pas, ne cessent d'y apporter leur attention, méritent tous les encouragements du gouvernement.

Sur la sucrerie se greffe une industrie non moins importante, nous entendons parler de la distillerie. Déjà, M. Vitalo, que nous avons cité plus haut, et dont le nom doit forcément revenir souvent sous notre plume, car seul ou presque seul, il apporte une énergique tenacité à l'exécution de son programme de relèvement de la colonie, déjà, disons-nous, M. Vitalo avait tenté l'exploitation d'une distillerie qui, faute de bras, dut être abandonnée. Après y avoir absorbé des sommes considérables, il transforma sa culture en pâturages où actuellement sont parqués les bestiaux nécessaires à l'alimentation de la ville. Cependant, pour ne pas laisser disparaître encore une fois cette industrie, la distillerie fut transférée dans l'Ile de Cayenne, sur la route de Montabo.

De nouveaux appareils venant de Demerary (Guyane anglaise), y sont installés ; mais toujours cette question du manque de bras vient enrayer la volonté la plus dévouée.

C'est là le point capital, et il est bizarre de voir qu'une question si grave soit traitée d'une façon si peu sérieuse, ou soumise à l'appréciation d'hommes éminemment honorables, nous n'en disconvenons pas, mais qui, au lieu de l'envisager au point de vue pratique, en font bien plus une question de situation morale personnelle, qu'une question de véritable intérêt public.

Mais cela est ainsi dans notre beau pays de France, où toutes les mesures utiles à l'intérêt général sont traitées, non par des praticiens, mais par des personnalités mises en évidence, dont la compétence pratique est la plupart du temps absolument nulle.

Il nous faut l'initiative gouvernementale, et chaque fois qu'elle nous fait défaut et que nous voulons y suppléer par l'initiative individuelle, nous rencontrons ce formidable obstacle, l'*Administration*, qui revendique des droits dont elle n'use souvent que pour entraver la bonne volonté ou les efforts personnels qui se manifestent.

Tout contribuerait donc à faire de la culture de la canne une ressource féconde pour notre colonie ; rien ne s'y oppose ; le climat y est des plus favorables, les bénéfices réalisés dans les très rares et très peu importantes exploitations du même genre, en assurent l'avenir. Du moment où la question d'immigration aura été résolue, elle prendra rapidement l'essor qu'elle mérite.

Le Coton.

L'industrie cotonnière, qui a été une des causes de la fortune et du développement des Etats-Unis du Sud, a été longtemps l'objet d'une sérieuse exploitation à la Guyane, mais par suite du manque de main d'œuvre, ces exploitations ont été forcément abandonnées. Cependant, sur toutes les terres alluvionnaires proches de la mer, cette culture pourrait prendre avec succès un développement rapide qui aurait par la suite une très considérable importance, tant au point de vue du commerce colonial qu'au point de vue du commerce national. Il nous affran-

chirait d'abord, dans une certaine limite, de l'Angleterre et des Etats-Unis, dont nous sommes presque
absolument tributaires et apporterait aux progrès de
la colonie un aide et un concours des plus efficaces.

Il est, du reste, de notoriété incontestable que les
premiers habitants de la colonie, les Indiens, exploi-
taient le cotonnier qui servait à la confection de
quelques objets d'usage courant et principalement de
leurs hamacs.

Les vestiges de ces plantations indiquent avec
quelle vigueur le cotonnier prend et produit à la
Guyane ; ce serait donc une des branches les plus
fertiles de l'industrie coloniale, à laquelle il importe-
rait d'apporter tous ses soins et toute son attention.

Café, Cacao.

N'est-il pas superflu de s'étendre sur la très facile
et très fructueuse culture du café et du cacao à la
Guyane ?

Ces deux produits viennent pour ainsi dire sans
soins et sans travail.

A la porte de la ville, sur les terres actuellement
abandonnées, mais occupées autrefois par de vastes
et riches habitations, le cacaoier retourné à l'état
sauvage, forme de véritables forêts dont les récoltes

alimenteraient facilement les plus importantes chocolateries.

Le café, qui rivaliserait avec le meilleur des Moka, y vient sur tous les points du pays, et principalement sur le territoire situé entre l'Oyapok et l'Approuage. Il existe même un point spécial, désigné sous le nom de Montagne-d'Argent, connu des gourmets, et qui fournit un café d'une rare et exquise délicatesse.

Aussi, est-on, comme nous le disons plus haut, saisi d'étonnement lorsque l'on entend dire que la plus grande partie du café consommé à la Guyane française est importé de la Guyane anglaise !

L'exportation du café sur les marchés européens tient une place capitale, l'écoulement en est facile, la culture des plus rémunératrices ; nous pourrions dire la même chose du cacao. Ces deux produits prendraient rapidement une grande importance dans notre colonie et fourniraient à l'émigration un champ fertile à cultiver, et de gros bénéfices à réaliser. Il serait heureux de voir se développer cette branche importante de l'industrie agricole dont l'extension deviendrait si rapide le jour ou la main-d'œuvre ne fera plus défaut.

Graines oléagineuses.

Sur tous les points de la colonie les graines oléagineuses poussent avec une vigueur extraordinaire.

Le carapa qui n'a pas encore été l'objet d'une exploitation particulière y vient en telle abondance que les naturels ne consomment, pour leurs besoins personnels, que l'huile du carapa extraite par les moyens les plus primitifs.

Il serait facile, avec un outillage mécanique peu coûteux, de créer une véritable exploitation dont les résultats seraient certainement des plus rémunérateurs.

Mais à côté du carapa, dont la graine fournit si abondamment l'huile, il se trouve sur certains points de la colonie des parties où les aouaras d'Afrique, sorte de palmiers, vivent absolument en famille.

L'aouara, jusqu'ici connu principalement en Sénégambie, porte un fruit ou régime de fruits dont on extrait en grande abondance une huile très fine et très délicate.

C'est sur les rives de la Mana, à une certaine distance des côtes, que se trouve surtout l'aouara.

Sa découverte est assez récente, car c'est à peine si elle remonte à 1876 ou 1877, et c'est au hasard que nous la devons.

L'industrie et le commerce des huiles a une importance considérable, mais les moyens de transports sont encore trop primitifs et trop onéreux pour qu'on puisse espérer voir se monter immédiatement l'outillage nécessaire à une exploitation sérieuse. Il est bon toutefois de signaler dans ce rapide aperçu les résultats que donnerait une industrie qui ne pourrait manquer de devenir des plus prospères et des plus rémunératrices.

L'abondance du carapa faciliterait certainement l'installation de moulins qui, avec cette graine seule suffirait à créer un commerce des plus étendus.

D'autant qu'à une très courte distance de Cayenne, on est à même de faire d'abondantes récoltes de carapa, et que le traitement de ce fruit alimenterait largement une installation peu coûteuse qui pourrait alors s'établir sans avoir à craindre de grandes difficultés.

Il ne faut pas perdre de vue qu'à la Guyane, l'abondance des cours d'eau est telle que partout il est facile d'y trouver l'agent principal de toute industrie, c'est-à-dire la force.

La simplicité des machines nécessaires à ce travail en rendrait l'application aussi prompte que facile, c'est là certes une des exploitations dont la colonie pourrait tirer un grand parti.

Le Caoutchouc.

La culture et l'exploitation du caoutchouc paraissent avoir complètement disparu de la Guyane. Cette disparition tient à ce que, dans leur imprévoyance, les premiers exploitants, pour arriver à faire de fructueuses recettes, ont abattu les arbres. Toutefois, le sol et la température de la Guyane se prêtent admirablement à cette plantation.

Certainement on trouverait dans les immenses forêts qui couvrent dans sa plus grande étendue notre colonie, des arbres à caoutchouc; mais hélas, les voies de communication font défaut, et cette belle culture, qui au Para est si productive, est pour longtemps disparue ou tout au moins ajournée.

Si nous la mentionnons, c'est afin de démontrer combien, avec la persévérance et la prévoyance qui sont le fait des peuples colonisateurs et civilisés, il peut être ménagé pour les générations à venir de sources de fortune et de richesse à la Guyane. L'arbre à caoutchouc demande quinze ans avant de pouvoir produire. Quelque long que puisse, de prime abord, paraître ce temps, ne serait-ce pas garder à notre colonie une belle et puissante industrie que de pousser à l'élève de cette plante?

Il a bien été fait quelques essais de traitement des jeunes caoutchoucs, dont on extrayait les sucs par des moyens similaires à ceux employés pour la canne. Ces jus étaient réduits par des procédés spéciaux à l'état de caoutchouc, mais tout concluants qu'aient pu être ces essais de laboratoire, quelle que brillante que soit cette découverte, quelqu'importance qu'elle ait au point de vue scientifique, elle n'a pas encore donné, industriellement parlant, des résultats assez appréciables pour qu'il nous soit permis d'émettre une opinion sur ce sujet.

Toutefois, des essais sur une plus grande échelle seraient utiles à faire, car ils démontreraient peut-être la possibilité de donner une application industrielle à cette découverte qui aurait une immense portée commerciale. En appelant l'attention de nos lecteurs sur ce produit, nous devons leur rappeler que les premiers explorateurs ont constaté la richesse et la quantité des arbres à caoutchouc de la Guyane ; qu'à Panama, au Darien, au Para, cette branche de l'industrie agricole est une des plus estimées, et qu'elle constitue pour ce dernier pays, la principale et la plus belle ressource.

La ramie.

La ramie, sur laquelle l'attention de l'industrie textile se porte depuis quelque temps avec une certaine insistance, est peut-être encore une inconnue pour beaucoup de nos lecteurs. Aussi croyons-nous

devoir nous étendre sur cette plante et sur sa culture un peu plus longuement que nous ne l'avons fait
pour les autres produtis coloniaux.

La ramie, que les botanistes rangent dans la
famille des urticées, *genre bœhmeria,* est une plante
textile, dont l'emploi tend de plus en plus à se généra-
liser et à occuper dans l'industrie des tissus le même
rang que le coton, la soie, et le lin.

Cette plante, originaire des îles de la Sonde, s'acco-
mode de tous les pays et prospère aussi bien sous un
climat tempéré que dans les pays chauds. Mais, dans
ces derniers, elle donne de quatre à six récoltes par
an, tandis qu'en Europe elle n'en donne que deux.

Il faut à la ramie une terre légère, fraîche ou facilement arrosable.

La pousse de la ramie est si rapide dans les pays
chauds, qu'elle atteint en deux mois le maximum
de sa hauteur utile et peut être fructueusement ré-
coltée.

C'est l'écorce des tiges qui, décortiquée, fournit la
fibre livrée au commerce. Cette fibre se rapproche
beaucoup de celle du lin, mais sa finesse et son mi-
roitement la font ressembler à la soie ; c'est cette res-
semblance qui lui fait donner quelquefois le nom de
soie de Canton.

Chaque hectare de ramie peut donner de 800 à
1,000 kilog. de filasse, se vendant de 1 fr. à 1 fr. 50 le
kilog. Dans les pays chauds, on arrive, ainsi que nous
le disons plus haut, à cinq et six récoltes par au,

soit de 4,000 à 6,000 kilog. de filasse donnant un revenu brut de 4,000 fr. minimum.

La ramie est la plante qui exige le moins de travaux de culture et de soins. Dans les terres riches, comme celles de la Guyane, sa plantation n'exige qu'un labourage insignifiant et quelques travaux de sarclage et de binage nécessaires seulement pendant la pousse du premier plant ; après cette période, elle est si vivace et si touffue, que les herbes parasites sont rapidement étouffées.

Malgré ses propriétés merveilleuses et le parti si multiple que peut en retirer l'industrie, la ramie, jusqu'à ces derniers temps, ne faisait pas l'objet d'une exploitation sérieuse, à cause des difficultés que présentait le décorticage.

Les Chinois, les premiers, ont donné à la ramie un emploi industriel, en la décortiquant à la main. Mais on comprend combien ce procédé, facile en Chine où le prix de la main-d'œuvre est insignifiant, devient impraticable dans les autres contrées où un ouvrier est payé de 3 à 5 fr. par jour, alors qu'il ne peut faire dans sa journée que 700 grammes de filasse.

Aujourd'hui, ces difficultés n'existent plus, les cultivateurs de ramie ayant à leur disposition d'excellentes machines qui arrivent à produire jusqu'à 300 kilog. par jour.

Avons-nous besoin d'ajouter que cette culture serait une source de richesse considérable pour notre colonie, où le climat et la fécondité du sol donneraient à cette exploitation le maximum de production que cette plante peut fournir? Pourquoi donc cette culture n'est-elle pas plus répandue à la Guyane, et n'a-t-elle donné lieu jusqu'ici qu'à de simples essais dont les résultats cependant étaient faits pour encourager les plus timides? Craindrait-on de ne pas trouver de débouchés assez larges pour l'exportation de ce produit? Mais il trouve son emploi dans la fabrication de tous les tissus : linge, étoffes, soieries, mousseline, cotonnades, et s'il n'est pas tout à fait comparable à la soie, il est infiniment supérieur au chanvre, au lin et au coton.

Espérons donc qu'un jour la ramie occupera une large place au milieu des produits, si variés, déjà que peut fournir la Guyane française.

Rocou.

Un des commerces les plus importants de la Guyane, était autrefois la récolte du rocou. Cette exploitation, qui a singulièrement diminué dans ces dernières années, pourrait, si la question d'émigration était résolue, reprendre son importance et redevenir une des sources les plus considérables de richesse pour notre colonie.

Le rocouyerest un arbrisseau qui atteint jusqu'à

cinq mètres de hauteur et fleurit deux fois par an. Les fruits renferment des graines dont la pulpe donne la matière colorante fort employée dans la teinturerie et connue sous les dénominations diverses de rocou, de bixine, d'orléans. Le rocouyer de Cayenne est le plus riche en principe colorant.

Autrefois, on préparait le rocou en écrasant les graines et en les mettant en pâte. Mais Le Blond ayant observé que ce n'est point la graine, mais la pulpe et la matière qui l'enveloppe, qui renferme le principe colorant, on soumet aujourd'hui la graine à de simples lavages et les eaux de ce lavage, traitées par un acide, donnent le précipité de rocou que l'on réduit en poudre.

On retire du rocou, au moyen de préparations chimiques, deux principes colorants : l'un jaune appelé orelline, l'autre rouge appelé bixine. Ces matières colorantes servent particulièrement à la teinture de la soie et à la coloration des huiles, beurre et fromages dits de Chester.

Le rocouyer n'est l'objet d'aucun soin et ne nécessite aucun travail de culture. Il pousse librement à la Guyane et en telle abondance que l'insuffisance des bras ne permet pas de recueillir le quart de sa production annuelle. C'est ainsi que M. Ceïde, un de nos plus grands planteurs de la Guyane, s'est dernièrement vu, faute de bras, dans la nécessité de laisser sur pied une récolte qu'il n'estimait pas à moins de cent mille francs.

N'est-ce pas dire, une fois de plus, que l'émigration est la question capitale qui domine toutes les autres et dont il faut à tout prix trouver la solution, si nous voulons voir se relever notre colonie ?

N'est-il pas pénible de voir qu'une plante si précieuse, qui n'exige d'autre peine que d'être recueillie, qui, abandonnée à elle-même, se reproduit avec une fécondité que les pays tropicaux connaissent seuls, ne peut, faute de bras, devenir l'objet d'une des transactions les plus considérables de notre possession?

Le rocouyer, comme nous l'avons dit, fournit deux récoltes par an. Un hectare donne environ à chaque récolte 250 kilog. soit par an 500 kilog. Le rocou se vend dans nos grands ports de 3 fr. 50 à 4 fr. le kilog. Ces chiffres ne disent-ils pas éloquemment à quelle importance commerciale notre colonie peut aspirer, le jour où l'initiative privée, puisque nous ne pouvons compter sur l'action administrative, aura fourni à la Guyane le nombre de bras nécessaires à la récolte des produits naturels de son sol.

CHAPITRE IV

L'industrie aurifère.

La découverte des gisements aurifères à la Guyane est encore récente, car c'est à peine si elle remonte à 1855; c'est à cette époque, à peu près, que se fonda la Société de l'Aprouague, qui fut, pour ainsi dire, le berceau de cette industrie dans notre colonie.

Aussi, dès qu'il fut reconnu que tous les fleuves ou cours d'eaux roulaient l'or, que leur lit en était imprégné, notre malheureuse colonie, qui depuis 1848 était retombée dans le plus complet abandon, sembla se réveiller et vouloir reprendre sa marche en avant.

De tous côtés des *prospections* s'organisent, les chercheurs remontent les fleuves, pénètrent dans la forêt vierge, fouillent les criques.

Les exploitations de gisements se développent, et la fortune semble vouloir sourire à cette vaillante population si délaissée.

Mais là, comme partout, le manque d'ouvriers, la cherté des vivres, le défaut de voies de communica-

tion et le manque de moyens de transports multiplient les obstacles qu'il faut vaincre pour arracher
à la terre son trésor.

Mais ces recherches attirent l'attention de quelques
esprits plus positifs, et les succès brillants qui cou-
ronnent les efforts de quelques-uns finissent par
fixer l'attention.

Les placers du Maroni, de Saint-Elie à M. Vitalo,
de Dieu-Merci à MM. Vitalo et Ceïde, d'Enfin, de Pas-
Trop-Tôt, etc., témoignent des résultats qu'on est en
droit d'attendre d'une contrée aussi prodigue.

Au premier rang de ces riches découvertes, nous
devons mentionner Saint-Elie, dont les résultats ont
été si beaux, qn'à lui seul on doit la renommée faite
à la Guyane.

Quelques critiques, obéissant à un sentiment difficile à définir, ont cherché non seulement à désor-
ganiser cette industrie naissante, mais ont encore
sollicité de l'administration toutes espèces de mesures propres à entraver son essor.

Quelqu'extraordinaires que puissent paraître de
telles idées, elles n'en ont pas moins été émises.

Sans soucis pour le développement du pays, sans
vouloir étudier les bienfaits qui en étaient résultés
pour les contrées dans lesquelles l'exploitation de
l'or avait été encouragé, sans considérer quelles ressources nouvelles ces découvertes produisaient à la
Guyane, sans vouloir même estimer le développement commercial qu'elles pouvaient produire au

pays, ces esprits chagrins, pour ne pas dire plus, ont voulu honnir et conspuer l'industrie aurifère à laquelle on doit cependant les tentatives actuelles de relèvement.

Mais les démonstrations pratiques ont l'avantage de réduire promptement à néant les théories : sans se préoccuper de cette petite guerre, nos pionniers guyannais ont persévéré dans leurs efforts, et leurs efforts ont été en grande partie couronnés de succès.

Nous estimons, nous, au contraire, que les encouragements de toutes sortes doivent leur être prodigués, et que l'industrie aurifère doit rencontrer, tant en France qu'en Guyane, l'aide le plus complet, le concours le plus énergique.

La richesse aurifère de la Guyane n'est plus mise en doute par personne aujourd'hui ; mais le mode de traitement, les difficultés des communications entravent son développement, ou en rendent l'exploitation encore très onéreuse.

Aussi s'est-on borné jusqu'ici à l'exploitation des terres alluvionnaires, sans rechercher les moyens de traiter les quartz, cependant si riches et si nombreux.

Encore ce traitement laisse-t-il beaucoup à désirer.

La main-d'œuvre, comme pour les autres branches du travail, fait défaut ; les voies de communication n'existent pas, il a fallu tout inventer, suppléer à tout.

Cependant, pour donner un nouveau et formel démenti aux assertions des ennemis de l'exploitation de l'or, ce sont encore des propriétaires de gisements aurifères qui ont créé, à leurs risques et périls, au prix de gros capitaux, les quelques voies de transport qui permettent de mettre en rapport constant les points les plus éloignés de la colonie. Ce service, fait aujourd'hui par le superbe bateau le *Dieu-Merci*, appartenant à M. Ceïde Théodore, ancien associé de M. Vitalo, rend à l'exploitation aurifère, au commerce et à l'agriculture, de très grands services.

Sur un autre point, M. Vitalo a créé une nouvelle ligne, desservie par deux chaloupes à vapeur, qui, en faisant le service du tour de l'île, permettent aux transactions commerciales de s'établir.

Ailleurs, ce sont des entreprises particulières qui tracent, à travers la forêt, des sentiers qui permettent de rejoindre les rivières.

Les principaux gisements en exploitation se trouvent sur le Synnamary, à la Comté et enfin sur la Mana; mais les fleuves, fréquemment coupés par des sauts ou chutes infranchissables pour les embarcations européennes, ne sont navigables que pour les embarcations ou canots des indigènes, qui déploient dans ce genre de navigation une habileté et une vigueur impossibles à décrire.

On peut donc aisément se rendre compte du prix que doivent atteindre les moindres denrées, lorsqu'on songe, qu'arrivé au *dégrad* ou port de débarquement des embarcations, les hommes sont tenus de transporter sur le placer les vivres et outils nécessaires.

Souvent trois, quatre, cinq jours même de marche sont nécessaires pour franchir les quelques kilomètres qui séparent le siège de l'exploitation du dégrad.

Il faut marcher à travers la forêt vierge, le sabre d'abattis à la main, et chaque homme ne peut porter qu'une charge maxima de 25 kilog.

On comprend à quels prix reviennent ainsi les vivres.

Jusqu'ici, guidés par leur seule intelligence, les prospecteurs se sont vus contraints, par suite soit des obstacles qu'ils rencontraient, soit des difficultés sans nombre qui se dressaient chaque jour, de traiter leurs terres aurifères de la façon la plus succincte et souvent la plus incomplète.

L'indifférence de nos ingénieurs, ou leur inexpérience dans ce genre de traitement, n'a donc pas permis à nos explorateurs de s'appuyer sur leurs travaux pour améliorer leur mode d'exploitation.

Quelques-uns cependant se sont rendus à la Guyane, mais les trop courtes études auxquelles ils se sont généralement livrés, le peu de temps qu'ils ont passé sur les placers, ne leur ont pas permis de se rendre un compte bien exact de la situation.

Il importe, toutefois, de signaler les travaux faits par un ingénieur, qui depuis quelques années a fait à la Guyane des études sérieuses qui dénotent une réelle connaissance de cette industrie.

Mais ce qui serait nécessaire, c'est que notre corps si savant d'ingénieurs pût apprécier l'immense avenir qui résulterait d'une exploitation sérieuse des gisements aurifères de la Guyane.

Si on considère l'attention qu'ont apporté les Anglais et les Américains à ce genre d'industrie, on comprend comment ils sont parvenus à la porter si haut et à lui faire produire de si grands résultats.

Chez nous, rien de semblable. C'est à l'intrépidité, à l'énergie et à la ténacité de quelques hommes que nous devrons ces découvertes; chez eux, la volonté, l'attention, ont suppléé à tout. Ils n'ont rien appris, ls ont tout découvert; s'ils ont trouvé dans leur fortune la récompense de leur dur travail, d'autres, en venant partager les bénéfices, ont su en recueillir tout le profit moral.

Le traitement actuel des terres alluvionnaires, ne paraît être, au dire des experts en la matière, que le début d'exploitations plus sérieuses.

Déjà même une étude plus approfondie des quartz est entreprise, et n'était-ce l'extrême difficulté de transporter le matériel nécessaire, cette exploitation serait déjà commencée à titre d'essais par ces vaillants pionniers dont nous venons de citer quelques-uns.

Est-il douteux qu'en accordant pour le développement de cette industrie, toutes les faveurs, toutes les facilités, tout le concours dont dispose le gouvernement, il se produise un courant énergique et suivi vers notre colonie.

Travaux publics, commerce, agriculture, prendraient un essor dont nous avons des exemples frappants sous les yeux.

Il importe donc de faciliter, d'encourager, envers et contre tous, ces mouvements.

C'est ainsi qu'ont opéré et l'Angleterre et l'Amérique; c'est ainsi qu'opère le Vénézuela.

Et autour de ces populations ouvrières viennent et viendront se grouper les mille commerces nécessaires, indispensables à tous les groupements.

C'est ainsi que se transforme un pays, que naissent les villes.

Du reste, il suffit de voir ce qui s'est passé et ce qui se passe à la Guyane, depuis la découverte des premiers gisements, pour juger de ce qui se passerait si cette exploitation pouvait se développer rapidement et prendre tout son essor.

Il est indiscutable que la cherté du ravitaillement, le prix des transports sont de durs obstacles à surmonter, mais ces obstacles n'ont-ils pas été franchis alors qu'ils étaient encore bien autrement hérissés de périls et de difficultés?

Nous avons la ferme conviction que le moment approche où cette espérance deviendra une réalité.

Le traitement des sables aurifères, comme nous le disions plus haut, a été fait de la façon la plus simple jusqu'ici.

Au début le *long tom* a été plus spécialement appliqué, mais bientôt le *slooss* est venu presque partout remplacer le long tom, afin de permettre le traitement des terres les moins riches et qui n'exigent pas une trop grande quantité d'eau.

Mais tout en employant le même instrument que les Américains ou les Australiens, ses dimensions plus restreintes peuvent faire craindre qu'il n'en soit pas tiré tout le parti désirable et que l'on serait en droit d'en attendre.

Cela dépend-il des difficultés dont nous parlions plus haut, ou des conditions topographiques du pays?

Ce sont des questions sur lesquelles il nous serait difficile d'émettre une opinion expérimentée.

Il semble toutefois très logique de conclure que plus la terre à laver aura d'espace à parcourir, plus les moindres parcelles d'or qu'elle contiendra auront de facilité à se dégager, et moins il y aura de perte.

Toutefois, comme sur ces détails d'exploitation il ne nous a encore été donné aucune explication qui permette de conclure que le travail actuel soit aussi incomplet que le laissent entendre les critiques étrangers à cette industrie, il est difficile de se prononcer d'une façon définitive.

Néanmoins, il est incontestable que le travail de l'or en Guyane n'a pu, sur la plupart des points, se faire d'une manière aussi complète ni aussi sérieuse que cela aurait eu lieu, si les conditions de transport eussent été différentes, et si on avait pu, grâce à une main-d'œuvre moins onéreuse et moins difficile à trouver, rendre les voies de communication plus pratiquables.

Il est hors de doute que le jour où, grâce à la persévérance de nos compatriotes, le quartz de la Guyane pourra être traité, l'industrie aurifère prendra un développement dont toutes deux, la Guyane et la France, pourront tirer un grand et utile parti.

L'attention des chercheurs et des capitalistes français doit donc se porter sur cette branche de l'industrie coloniale dont les débuts ont été déjà si fructueux, et qui permet encore de nourrir de si brillantes espérances.

Un des fléaux de l'industrie aurifère est la complicité que trouvent certains voleurs d'or sur les placers, auprès de négociants ou s'intitulant tels, à la Guyane.

Ce honteux trafic fait par quelques-uns publiquement connus des habitants de Cayenne, trouve auprès de l'administration une coupable indulgence.

Nous connaissons les noms de la plupart de ces recéleurs.

Et si ce honteux commerce, si cyniquement fait, ne devait être l'objet d'aucune mesure administrative, nous savons qu'une démarche serait tentée auprès de M. le ministre de la justice pour appeler son attention sur ces messieurs qui, par leur scandaleuse complicité, portent un si grand préjudice matériel à l'industrie, et un tort moral si considérable aux autres négociants.

L'industrie forestière.

Si l'attention se porte sur la diversité des essences qui peuplent les forêts de la Guyane, on est contraint de se demander comment il se fait que l'exploitation des bois n'y soit pas plus développée.

Quelques-unes des raisons que nous avons énoncées dans les chapitres précédents, peuvent, en effet, être considérées comme l'entrave la plus sérieuse qu'elle devait rencontrer.

Toutefois, dirigée avec expérience, montée avec soin, cette industrie doit prendre la place importante qu'elle mérite d'occuper.

Jusqu'ici, seule la main de l'homme a été employée dans l'exploitation forestière, les plus simples machines sont inconnues, et cependant, malgré le nombre considérable de sauts qui entravent le cours des fleuves, il serait relativement facile de transporter un matériel suffisant pour apporter à l'exploitation actuelle un aide très efficace et une économie considérable.

Plus que dans toutes autres industries, la difficulté de manutention force l'homme à s'aider de machines; là, plus que partout ailleurs, la machine doit suppléer à la cherté et à la rareté de la main-d'œuvre.

Quelques exploitations se font actuellement sur la Mana, mais c'est au prix de mille difficultés qu'elles peuvent arriver péniblement à fournir quelques bois.

Cependant, bois d'ébénisterie, de charpente, de constructions navales, y sont abondants et permettent à des hommes entreprenants et hardis de créer un commerce des plus importants. L'acajou, l'ébénier, le bois de fer, croissent et se développent avec une puissance dont la végétation de notre latitude ne permet pas de se faire une idée très précise.

Pour tirer parti de ces richesses, il serait évidemment nécessaire de pouvoir disposer d'un nombre de travailleurs suffisant, et c'est la difficulté de les trouver qui explique, en partie, la stagnation de cette exploitation.

Toutefois, comme nous le disions plus haut, au lieu d'employer la hache ou la scie ancienne, soit pour abattre, soit pour débiter, ce qui prend beaucoup de temps et un nombre d'hommes relativement élevé, nous pensons qu'il y aurait économie notable à transporter un matériel peu important au début, et dont la dépense serait rapidement couverte.

Les machines appliquées à l'industrie forestière ont fait et font chaque jour des progrès considérables. Abattre à la hache un arbre de un mètre de diamètre prend au moins la journée d'un homme ; avec la scie mécanique, 50 arbres de cette dimension peuvent être abattus dans une journée, en comprenant le temps nécessaire au transport de l'appareil à chaque arbre. Avec quelques-uns de ces appareils et une simple chaudière à vapeur de très petit volume et d'un poids minime, facilement démontable et, par conséquent, transportable, ou pourrait arriver à une très rapide exploitation.

Nous citons ce simple exemple pour faire comprendre combien plus, dans cette industrie que dans toute autre, la machine peut remplacer la main de l'homme et rendre des services inappréciables.

La manutention des arbres gigantesques que produit notre colonie, peut offrir des difficultés assez grandes, nous le savons, mais en présence des progrès réalisés chaque jour et des applications quotidiennes qu'ils reçoivent, nous n'hésitons pas à affirmer que ces difficultés existent bien plus dans l'imagination des personnes qui ne sont pas au cou rant des nouvelles industrielles par suite de leur éloignement.

Nos chercheurs connaissent trop bien les obstacles que recontrent à chaque pas les pionniers de la civilisation et du travail, pour n'en avoir pas tenu compte dans les études auxquelles ils se livrent ; or, la première et la principale a toujours été le transport, surtout lorsqu'il s'agit d'industries qui ont les colonies comme sièges principaux.

Ils se sont, en conséquence, efforcés de construire des outils facilement maniables.

C'est à la solution de ces problèmes, par exemple, que le système de chemin de fer Decauville doit son succès et, qu'en peu d'années, ou a vu ses applica-

tions se faire sur tous les points du globe et plus particulièrement dans les colonies.

Appliqué à l'industrie forestière, auquel il est aussi
indispensable qu'à presque toutes les industries, il
rendrait, pour la manutention et le transport au
dégrad, des services que ne peuvent apprécier les
personnes qui ne l'ont pas vu fonctionner.

Nous insistons sur l'absolue nécessité qu'il y a,
pour nos compatriotes de la Guyane, de se bien péné-
trer que, si la nature les a surabondamment dotés de
richesses de toutes sortes, ils ne doivent pas considérer comme insurmontables les difficultés qui les empêchent d'en jouir immédiatement.

Bien des barrières peuvent leur paraître infranchissables ; mais nous ne craignons pas de leur dire que
souvent l'obstacle, déjà difficile à surmonter par lui-
même, est quelque peu exagéré par leur imagination.

Et puis, faut-il le dire, les esprits entreprenants
font défaut quelquefois, et lorsqu'ils se lancent dans
une entreprise, il arrive fréquemment qu'ils négligent
certains côtés de la question qui paraissent puérils au
premier abord, mais qui ont une très grande valeur
dans la pratique.

Les hommes comme celui dont nous citions le nom
dans un autre chapitre, sont malheureusement bien
rares ; il serait à souhaiter que son exemple fût suivi
par quelques-uns, car alors nous serions bien certains du développement rapide de notre colonie.

Lorsqu'on songe à l'immense commerce de bois qui se fait en France, lorsqu'on voit l'importation étrangère l'alimenter presque entièrement, on est en droit de regretter de ne pas voir se créer de véritables et importantes exploitations.

Nos bois de construction se raréfient chaque jour en France, où l'administration s'est trouvée contrainte de prendre d'importantes mesures pour le reboisement de nos forêts appauvries ; nos industriels s'approvisionnent chez nos concurrents lorsque chez nous, tout en portant le bien-être et la prospérité dans notre colonie, nous réaliserions de si gros bénéfices à exploiter nos trésors forestiers.

Nous ne craignons pas de nous laisser aller à un accès de vanité ni de chauvisme en disant que notre ébénisterie est sans rivale ; ne trouverait-elle pas dans l'emploi des bois de la Guyane une fructueuse source de bénéfices ?

La construction navale, déjà si éprouvée par la concurrence étrangère, n'aurait-elle pas là un marché sur lequel, en venant s'approvisionner, elle contribuerait à développer le commerce et l'industrie nationale.

Nous persistons à croire que, sérieusement étudiée et bien organisée, l'exploitation forestière à la Guyane engendrerait un commerce des plus considérables et des plus lucratifs ; mais pour lui faciliter son essor, il est indispensable de ne pas reculer devant les dépenses relativement modestes qu'elle impose.

Substituer à la main-d'œuvre, l'emploi des moyens mécaniques, partout où cela n'est pas impossible, appliquer les systèmes de manutention et de transports modernes, ainsi que le font les Anglais et les Américains, systèmes qui ont fait leurs preuves et que leur mobilité rend si facilement applicables, même dans les pays les plus accidentés, sont des mesures indispensables devant lesquelles il ne faut pas reculer, sous peine de voir péricliter ou disparaître cette belle industrie.

L'accroissement de population que subit la Guyane et qui semble vouloir se développer rapidement, l'attention qu'elle attire depuis quelques années et qui présage un mouvement important d'affaires et d'émigration, ouvrirait à cette branche de l'industrie coloniale un débouché considérable ; les besoins sans cesse croissants que les autres entreprises éprouvent pour les travaux de toutes sortes qu'ils sont obligés d'entreprendre, seraient une source de gros bénéfices pour les industriels qui sauraient faire les sacrifices nécessaires à une exploitation pratique. Il est hors de doute que nos bois de la Guyane, si riches et si fertiles, deviendront avant peu les immenses chantiers auxquels s'approvisionneront et l'industrie coloniale et l'industrie française. Ne serait-il pas profondément regrettable de voir encore passer entre des mains étrangères une branche aussi productive de notre fortune nationale ?

5.

CHAPITRE V

L'émigration.

Nous touchons à la question la plus brûlante, et cependant la plus vitale pour la colonie. L'immigration.

Jusqu'ici des efforts isolés ont été tentés, mais, soit manque d'ensemble ou de suite, soit manque d'esprit pratique, soit enfin, disons le mot, indifférence du gouvernement, cette question n'a pu être résolue.

De coûteux et persévérants essais individuels ont été faits.

S'ils avaient été tentés en Angleterre, ils eussent attiré l'encouragement et l'aide moral du gouvernement, l'approbation du Parlement pour lequel tout ce qui concerne les colonies a une importance majeure.

Toutefois, grâce à la persévérance des efforts, et à la sollicitude que le gouvernement semble vouloir depuis quelque temps témoigner à nos colonies, nous ne désespérons pas de voir cette grave question bientôt tranchée.

La nécessité d'une prompte solution s'impose.

De tous côtés, le besoin de travailleurs se fait sentir.

L'agriculture, les travaux publics, l'industrie, le commerce, réclament à grands cris une immigration qui permette non seulement de développer les richesses du pays, mais qui devient indispensable même pour son salut.

Rien n'arrête le patriotisme de nos concitoyens guyanais, et ce qui en France ne pourrait se faire qu'avec l'aide du gouvernement, est tenté par des particuliers que l'insuccès ne parvient pas à décourager.

Ces efforts coûteux, que la Guyane reconnaissante doit en très grande partie à M. Vitalo, auront-ils la solution que nous, Français, nous devons espérer ? Il faut le croire : une persévérance opiniâtre surmonte toutes difficultés, et notre concitoyen témoigne d'une volonté si ferme et si arrêtée de faciliter le relèvement du pays, que nous ne pouvons douter du succès de ses efforts.

Il suffira de citer un exemple. M. Vitalo sollicite actuellement du gouvernement, la faculté de transporter, à ses frais, à la Guyane, 1,000 travailleurs des côtes d'Afrique, et dont le besoin est, comme nous le disons plus haut, des plus urgents.

Des faits semblables se passent de commentaires, et le ministre actuel, soucieux du développement de toutes nos forces et de toutes nos richesses, a su apprécier ces patriotiques tentatives à leur juste valeur, en ne ménageant ni les encouragements ni son aide à ce projet.

Il faut se rendre un compte exact de la situation de la colonie pour savoir apprécier l'importance que peut avoir son exécution.

Le succès attire des imitateurs, et le branle une fois donné, il serait extraordinaire que cet exemple ne fût pas imité.

Nous le répétons, les dévouements ne font pas défaut à la Guyane.

Jusqu'ici le recrutement de travailleurs avait eu lieu principalement aux Indes, mais dès que le gouvernement britannique vit que notre colonie se relevait à vue d'œil, et qu'il comprit l'importance qu'elle pouvait avoir, il sortit de son arsenal de théories humanitaires une foule de bonnes ou mauvaises raisons pour interrompre ce courant d'émigration.

Il est, en vérité, risible de voir quelle hypocrisie nos voisins apportent dans ces questions. Eux qui se prétendent les défenseurs de l'humanité, n'ont-ils pas approuvé la charte consentie par le gouvernement de la reine au spoliateur de l'île de Bornéo, et cette charte ne permet-elle pas l'esclavage pendant un certain temps.

Nous présumons que ce n'est pas en Egypte non plus qu'ils mettent leurs principes à exécution.

Cette interdiction fut levée vers 1872, mais de

nouveau, dès 1876, et sur des griefs non moins mal fondés, cette émigration fut suspendue.

On essaya alors de l'immigration chinoise, mais, la dépense excessive et les difficultés de toute nature bue rencontre l'application de ce genre d'émigration en rend l'exécution des plus difficiles.

Toutefois, la situation faite aux Etats-Unis aux enfants du céleste Empire, la ruine des grandes plantations du Pérou, par suite de la guerre entre ce pays et le Chili, permettent de pouvoir envisager cette question sous un nouveau jour et peut-être d'en trouver la solution pratique.

Mais à côté de ces deux sources assurément précieuses et fécondes, il en existe d'autres auxquelles il serait possible de puiser et qui alimenteraient facilement notre colonie, mais, là encore, il semblerait que les destinées coloniales de la France sont sous la dépendance de son alliée l'Angleterre.

Dès que surgit le moindre incident au-delà des mers, la susceptible Angleterre ne se hâte-t-elle pas d'interpeller notre gouvernement? La condescendance que celui-ci apporte à répondre à ces demandes, ressemble quelque peu à de la faiblesse, et le gouvernement britannique se croit trop souvent autorisé à s'immiscer dans nos affaires, à son grand avantage du reste, mais à notre grand détriment.

C'est à cette raison seule que nous pouvons attribuer les embarras que nous rencontrons dans l'émigration des ouvriers africains. Là, cependant, la question humanitaire ne peut être invoquée.

L'émigration y a lieu par famille entière, l'habitant ne trouvant pas toujours dans son pays le necessaire à sa subsistance, émigre dans une colonie où il est certain d'y être traité avec l'humanité qui est le propre de notre caractère français, sous le contrôle d'une administration qui veille à l'exécution des contrats passés entre l'engagiste et le travailleur.

Bien plus, il est certain d'arriver en peu de temps à un salaire assez élevé et peut espérer devenir propriétaire d'une quantité de terrains qui peuvent lui procurer, sinon la fortune, sûrement du moins une aisance qui lui assure l'avenir.

Peuvent-ils en dire autant les travailleurs anglais noirs ou coolies?

C'est donc en réalité vers l'Afrique que doivent se porter les regards de ceux qui recherchent la solution de ce problème.

La race y est forte, puissante et supporte facilement le climat de la Guyane, beaucoup plus clément du reste que le climat africain.

Voici ce que dit à ce sujet l'*Avenir des Colonies :*

On lit dans le *XIX* Siècle* :

On sait de quelle importance est la question de l'immigration pour nos colonies qui manquent de bras.

Ce qu'on connaît moins en France, c'est la malveillance avec laquelle l'Angleterre met obstacle à ces immigrations.

Voici ce que raconte le *Moniteur de la Réunion* à propos de l'arrivée d'immigrants à la Réunion :

Tous les peuples ne sont pas aptes à fournir des travailleurs agricoles ; au Sénégal, par exemple, le caractère des naturels du pays est en général assez contraire au travail manuel, mais sur nombre d'autres points, l'émigration fournirait une quantité d'hommes robustes qui seraient heureux en s'assurant l'avenir d'échapper à la situation qu'ils ont dans le présent.

« Le convoi d'immigrants de la *Marguerite*, arrivé du lazaret au dépôt-colonial de la Petite-Ile, le 26 juillet, a été inspecté par le consul de Sa Majesté britannique à la Réunion. On a beaucoup remarqué l'insistance de M. le consul Aimesley à interroger les coolies sur la manière dont ils avaient été débarqués au lazaret :

« — Etaient-ils jetés à la mer comme des bœufs, couverts et roulés par la lame avant d'arriver à terre, au risque de se noyer ?

« Comme les réponses des Indiens, traduites par un interprète ignorant ou complaisant, semblaient laisser des doutes, les représentants du gouvernement français et M. Bayole, capitaine de la *Marguerite*, ont protesté énergiquement et mis en demeure M. Withe, commis du consulat, qui entend et parle le tamoul, de traduire à nouveau la déclaration des Indiens : il fut alors péremptoirement établi qu'ils avaient débarqué sans peine, sans difficulté, ayant l'eau à mi-jambe !

« Le public qui assistait à ce long interrogatoire, a été péniblement affecté de l'attitude du consul anglais. »

Décidément l'Angleterre prend trop de souci de nos propres affaires. Ses agents font montre d'un zèle intempestif. Il est piquant — pour ne pas dire plus — que ce soient eux qui s'arrogent le droit de nous donner des leçons d'humanité, au lendemain du barbare bombardement d'Alexandrie.

Allons-nous longtemps nous laisser tondre comme des moutons sans défense ? Hier, c'était à Madagascar que l'Angleterre nous mettait en échec par ses menées ténébreuses ; aujourd'hui c'est à la Réunion et en Calédonie qu'elle veut ruiner nos colons par des taquineries mesquines.

Cela devient un système. Il serait temps d'y mettre un terme, si nous voulons continuer à compter parmi les puissances coloniales.

L. H.

Ce sont donc en réalité les côtes d'Afrique qui doivent devenir pour nous les pépinières de travailleurs dont nombre de nos colonies ont si grand besoin.

Le but de cette émigration est louable, entre tous; nous ne pouvons admettre qu'il puisse être assimilé à une traite déguisée.

Le sort des travailleurs est garanti par la surveillance et la sollicitude qu'apporte le gouvernement colonial à cette question, qui a été de sa part déjà l'objet de telles mesures, qu'en plusieurs circonstances, ses exigences en faveur des immigrés ont été taxées d'excessives.

L'intérêt même du colon n'est-il pas d'apporter toute son attention, tous ses soins, à ce que la situation morale et matérielle de ses hommes soit aussi bonne que possible? Il ne se fait aucune illusion sur les difficultés qu'il a à les recruter; en se les attachant par des mesures d'humanité, il assure la prospérité de ses entreprises; il faudrait donc le considérer comme un niais ou un naïf, pour supposer qu'il risquerait de perdre sa plus belle ressource, ses forces les plus efficaces, par une administration mal comprise. Nous ne prétendons pas qu'une émigration de race blanche soit inutile. Ce serait là une exagération dans laquelle il serait puéril de tomber.

Cette émigration est susceptible de rendre dans certains cas de précieux services, et aurait mille chances pour elle de recueillir de prompts et considérables bénéfices, si au lieu d'être consacrée aux durs travaux agricoles ou industriels, elle s'appliquait à développer certaines industries locales, comme la menuiserie, la mécanique, le bâtiment, ou en s'adonnant au commerce qui résulterait du développement agricole.

Les mille corps de métier qui travaillent dans nos grands centres trouveraient à la Guyane leur emploi.

La population s'y développe chaque jour, et l'émigration européenne, en se fixant dans les villes, y apporterait un concours efficace.

Tributaires de Demerary pour une grande partie des besoins de la colonie, nous en deviendrions en peu de temps les fournisseurs pour une foule d'articles dans lesquels le génie français excelle.

Bien plus, le pays, qui chaque année exporte son or, en échange d'articles divers fabriqués en France ou en Amérique, articles qui se payent fort cher à Cayenne, pourrait se suffire en grande partie à lui-même et apporter par conséquent à son développement progressif cette surabondance de richesse.

Ce sont là des lois d'économie qui, méconnues, ne peuvent produire que de mauvais effets.

Menuisiers, charpentiers, mécaniciens, serruriers, forgerons deviennent chaque jour de plus en plus nécessaires, disons même indispensables. Notre cadre ne nous permet pas de développer les mille ressources que leur offrirait notre colonie, dont les légendes folles, mal fondées, colportées à plaisir, semblent faites pour en éloigner les chercheurs et les pionniers du travail et de la civilisation.

Il est temps aussi d'en faire justice.

En appliquant, selon leur origine, leur force de résistance, leur facilité d'acclimatation, les diverses races d'émigrants qui pourraient prendre le chemin de la Guyane, on atteindrait rapidement le but que se proposent tous les esprits pratiques, jaloux de la grandeur de la France et de son empire colonial.

Certes, nous sommes éloignés de conseiller à nos compatriotes de tenter les travaux agricoles avant que le défrichement n'ait assaini les terres, ou les travaux industriels qui nécessitent leur présence pendant de longs mois dans les forêts, mais les industries diverses et multiples qui s'y rattachent, qui s'exercent dans les villes ou sur le littoral, ne leur feraient encourir aucun danger et leur assureraient de gros bénéfices.

Il devient indispensable d'apporter à ces questions toute l'attention qu'elles comportent, sans perdre de vue un instant quels intérêts a la France au développement de ses colonies, à leur prospérité, à leur grandeur.

Dans peu d'années, l'Atlantique et l'Océan Pacifique, réunis par le canal de Panama, seront témoins d'un mouvement considérable qui modifiera encore les conditions économiques de ces diverses colonies Ne serait-il pas enfantin d'exclure de ce développement moral et matériel de l'Amérique du Sud, notre belle colonie. Ne serait-ce pas un crime que de la mettre dans l'impossibilité de rivaliser avec ses voisines, en la maintenant dans un état d'infériorité tel que le prestige même de la France en souffrirait, en permettant de dire que là où la nature est si prodigue, nous ne savons même pas recueillir le fruit de ses prodigalités?

La Colombie, le Vénézuéla, prennent chaque jour, grâce à l'émigration, une importance plus grande, et nul n'ignore combien ces pays sont plus défavorables au point de vue climatérique. Cependant, ne voit-on pas chaque année, quantité de Français se diriger vers ces pays? Chose plus bizarre encore, les capitaux français s'y portent, tandis que par ignorance invétérée, la Guyane inspire une terreur enfantine et ridicule.

A cette grande lutte de la paix et du travail qu'inaugurera pour ces pays l'ouverture du canal de Panama, chacun se prépare. Est-il admissible que cette œuvre française entre toutes, vienne porter un coup fatal à notre colonie et à l'influence morale que ne devrait jamais cesser d'exercer la France?

La question est grave, très grave, à quelque point de vue que l'on se place. Il faut y répondre, il faut que ce problème de l'émigration soit résolu.

Il faut jeter comme une défroque en guenilles, ces théories absurdes dont la seule conséquence est de retarder la solution du problème.

Il faut, par des mesures énergiques et sensées, montrer que la France sait et veut coloniser.

Il faut abandonner ces vieilles *rengaines* ou ces sots préjugés, pour faire comprendre, une fois pour toutes, que la France, dont le rôle civilisateur n'a jamais pu être vainement méconnu, considère comme ses enfants, sans distinction, tous ceux qui travaillent à sa grandeur.

CHAPITRE VI

Que résulte-t-il du rapide aperçu que nous avons esquissé sur notre colonie.

Nous pensons le résumer en disant que tout existe pour faire de la Guyane française une des plus florissantes et des plus riches contrées du globe ; mais les bras y sont indispensables pour produire cette éclosion.

Ce problème est-il possible à résoudre ?

C'est ce que nous nous sommes efforcés de prouver dans notre chapitre précédent.

Ce ne sera certes pas en se bornant à de platoniques doléances, ni en attendant toujours l'intervention administrative, qu'une semblable question aura sa réponse.

Il faut savoir faire des sacrifices, qui, en somme, trouveraient une très ample compensation.

Il faut savoir s'affranchir un peu de cette tutelle que l'on est habitué de solliciter et que l'on voudrait secouer après.

Il faut surtout faire acte d'indépendance vis-à-vis du gouvernement anglais qui n'a pas plus à voir dans notre organisation coloniale que nous ne cherchons à nous immiscer dans la sienne.

N'est-ce pas, nous dira-t-on, beaucoup demander? Si tous ces mots d'administration, de gouvernement étranger avaient autant d'importance dans la pratique que dans la théorie, il faudrait, certes, une forte dose de patience et de ténacité pour atteindre ce but si essentiel.

Mais, comme nous le disions plus haut, tout cela dépend bien plus d'une initiative particulière intelligente et énergique que du reste.

Comment, en somme, l'administration pourrait-elle s'opposer à l'envoi dans nos colonies de travailleurs libres, désireux de gagner un salaire plus élevé que chez eux, d'être traités avec humanité, et qui bénéficieraient de toutes les améliorations apportées au sort des classes laborieuses dont jouissent les travailleurs du continent.

Supposons un instant qu'une émigration d'ouvriers français eût lieu à la Guyane, quelle opposition pourrait y faire, ou l'administration locale, ou le ministère, ou le gouvernement anglais?

On parle d'égalité, mais il nous semble que ce serait faire bien bon marché de ces principes, que de ne pas admettre que des travailleurs africains ne puissent pas jouir des mêmes droits et de la même faculté que les travailleurs français.

On nous répondra que ces émigrations *peuvent* ressembler à une traite déguisée.

Le bon billet que voilà! Ce raisonnement n'a aucune valeur, puisque, dès l'instant où l'émigrant africain touche le sol français, il jouit de tous les droits d'un citoyen libre, il est sous la tutelle de la loi, et enfin il bénéficie de la protection et de la surveillance que ne cesse d'exercer la commission d'émigration.

N'est-ce pas, au contraire, bien souvent, rendre un véritable et sérieux service à l'humanité, que de faciliter l'amélioration de certaines classes laborieuses et misérables, et de les mettre à même d'améliorer leur sort et de sauvegarder leur avenir.

Ce que l'administration doit exiger d'une façon sérieuse et sévère, c'est que les émigrants engagés par un particulier ou une Société, soient traités, nous ne dirons pas avec humanité, cela ne serait pas suffisant, mais qu'ils jouissent, dans les mesures équitables, du bien-être dont on cherche, en Europe, à faire bénéficier la classe ouvrière.

Ce qu'elle doit exiger d'une façon rigoureuse et surveiller avec sollicitude, c'est que les vivres distribués aux ouvriers soient sains et suffisants, que les logements soient salubres et aérés, en un mot, que les conditions de la vie matérielle de ces émigrés soient aussi bonnes que possibles.

Voyez un peu ce qui pourrait advenir de ces prétendues traites noires. Des travailleurs émigrent, ils

ont un contrat dont les clauses ne sont pas exécutées
par l'engageant. Ces travailleurs le quittent et s'en-
gagent ailleurs. Qui peut s'y opposer? Qui a le droit
de les retenir dans leur situation malgré leur volonté? Rien et personne. Alors, on aurait fait venir à
grands frais ces travailleurs, en se berçant de l'idée
qu'ils sont votre chose propre, envers laquelle aucune
obligation n'est à remplir et qui ne peut vous quitter?
Et on risquerait de perdre le fruit de ses dépenses
par suite de la non exécution de ses engagements?

La réponse à faire est trop simple pour que nous
nous y attardions.

Le travailleur s'en va ailleurs, ce qui prouve que
cette prétendue traite est bel et bien un contrat que
sont tenues de remplir les deux parties, et ce contrat est
d'autant plus sérieux qu'il est l'objet d'un incessant
contrôle administratif.

Ne nous étendons pas plus sur ce sujet, car, en
vérité, ce serait faire de la solution de ce problème
une question inextricable, lorsqu'à notre humble avis,
ce n'est qu'une question d'initiative, de ténacité et
d'énergie.

Mais aussi, quelles splendides conséquences! Quel
brillant avenir pour la colonie!

Cinq grands centres à créer et pour lesquels la
Providence semble avoir accumulé toutes les ressources.

En effet, on pourrait presque dire que la Guyane se
divise en six bassins aurifères. L'Oyapock, l'Apro-

nague, Mahury, Synnamary, Maroni, Mana. Sur les
cours de ces six grands fleuves, de nombreuses exploitations aurifères, des recherches constantes, entre-
tiennent un nombreux personnel qui, facilement, aug-
menterait, si les ouvriers étaient plus nombreux.
Toutes ces exploitations sont forcées, aujourd'hui, de
venir se ravitailler en vivres ou outils, en denrées ou
marchandises de toutes sortes à Cayenne.

Mais du jour où ces exploitations auront acquis le
développement que permet d'espérer la richesse des
gisements, le jour où la culture aura commencé à
reprendre sur toutes ces terres si fécondes du littoral,
du jour ou l'industrie, les exploitations aurifères, le
commerce, auront trouvé dans un nombre suffisant
de bras, l'élément indispensable à leur développement,
n'est-on pas en droit de croire que ces bourgs, qui
sont à l'embouchure de ces grandes voies de communications à l'intérieur, c'est-à-dire de tous ces grands
fleuves, deviendront des villes assez importantes auxquelles se ravitailleraient toutes les industries et
exploitations riveraines de ces fleuves et de leurs
affluents.

Que l'on jette un instant les yeux sur la carte de la
Guyane, et on se convaincra rapidement, nous en
sommes certains, que ce que nous entrevoyons comme
possible, dans un délai assez bref, est la conséquence
logique de la situation hydrographique du pays, dont
les fleuves coulent pour ainsi dire parallèlement
jusqu'à la mer.

Jetons, jetons des bras à la Guyane, et rapidement, sucre, alcools, coton, café, cacao, rocou, ramie, bois, viendront alimenter ces marchés dont les transactions seront si faciles entre Cayenne et les divers points de la côte.

Est-ce un rêve? Notre époque est là pour nous prouver qu'en industrie il n'y a plus de rêve, et l'Amérique nous démontre qu'en fait de colonisation tout est possible, souvent facile.

N'a-t-on pas vu des villes de 3, 4 et 500,000 habitants, s'élever par enchantement en peu d'années dans le Far-West américain. Regardez l'Australie, couverte de villes, où palais monuments, écoles, musées datent à peine de quarante ans. Contemplez ces grands centres comme Melbourne, qui voient par le travail leur population croître de 10,000 à 500,000 habitants.

Il y a des aveux pénibles à faire pour des Français, et l'abandon de nos colonies, l'indifférence que nous y apportons est du nombre.

Nos forces et notre intelligence s'épuisent dans de vaines, et, disons le mot, dans de sottes questions politiques, d'où sont, pour la plupart, exclues toutes idées pratiques.

Des théories que nous croyons appelées à révolutionner, en le régénérant, le monde entier, et qui, hélas, ne dépassent souvent pas nos frontières, absorbent notre énergie; et pendant ce temps, nos voisins, suivant la marche du progrès, agrandissent leur domaine colonial, le cultivent, le développent et en retirent les deux grandes forces modernes : l'influence morale et la richesse.

Qu'on nous cite une colonie française qui puisse être comparée à une colonie anglaise ?

On fait à cette demande cette sotte et ridicule réponse : « les Français ne sont pas colonisateurs ! »

Nous voudrions savoir quel est le sot personnage qui a inventé ce cliché. Nous pourrions lui répondre que, chaque année, les Pyrénées voient 10,000 habitants environ émigrer pour l'Amérique du Sud, que la Provence, l'Alsace, la Bretagne fournissent un contingent hélas, trop important, à l'émigration étrangère, et que, par un bien minime effort et quelques mesures habiles, cette émigration pourrait être dirigée vers nos colonies.

Mais ces questions sont traitées par une foule de théoriciens amoureux de sentimentalisme, auquel, du reste, ils doivent ou des réputations imméritées, ou de bonnes sinécures ; ces questions ont été étouffées par notre centralisation politique et administrative, qui n'a pas voulu laisser l'initiative personnelle se développer dans toute sa force et sa puissance.

Le Français, dit-on, ne va pas travailler à l'étranger. A-t-on regardé seulement ce qu'il y avait de Français à Suez, à Alexandrie, à Panama, en Amérique.

Nous avons beaucoup voyagé en Europe, en Asie et en Afrique, nous avons partout rencontré nombre de nos compatriotes et beaucoup d'Allemands, mais beaucoup moins d'Anglais qu'on ne se le figure dans notre pays.

Des chefs de maison, oui, fréquemment, mais les ouvriers, les chefs d'ateliers, presque partout sont français, nous y avons vu qu'ils y portaient l'intelligence, le goût, ajoutons plus, l'esprit de travail et d'économie.

Nous ne doutons pas à ce point de l'initiative de notre race, nous ne doutons pas à ce point de son caractère entreprenant.

Si on envisage la question au point de vue commercial, on est tenu de confesser qu'elle s'impose d'une façon absolue, et ce que nous avons dit, dans un chapitre précédent, ne saurait trop se répéter : il faut à la France de nouveaux marchés de production pour ses matières premières et de nouveaux débouchés pour ses matières fabriquées.

Où en trouvera-t-elle de meilleurs et de plus fidèles que dans ses colonies.

Au point de vue maritime, l'importance n'est pas moindre : chaque année notre marine marchande, cette pépinière de notre marine nationale, s'appauvrit et s'étiole ; la dure et rude concurrence que lui fait l'étranger la menace de plus en plus, et notre commerce colonial ne lui apporte, pour ainsi dire, aucun élément de bénéfices.

Enfin, si nous envisageons la situation au point de vue politique, nous devons reconnaître que cette situation ne pourrait se prolonger sans danger. Voilà un demi-siècle que nous possédons l'Algérie, qu'en avons-nous fait jusqu'ici? La Guyane, Pondichéry, le Tonkin, Saïgon, Nossi-Bé et Mayotte, la Réunion, La Guadeloupe, la Martinique, la Nouvelle-Calédonie, veulent une vigoureuse et puissante impulsion qui leur fasse prendre la place que leur permettent d'ambitionner et les ressources de leur sol et le patriotisme de leurs habitants.

Il faut donc entrer bravement et énergiquement dans la voie de colonisation, en laissant se substituer à l'ingérance de l'administration l'initiative individuelle partout où celle-ci se révélera. En l'encourageant, on la développera, et ce sera ainsi que, tout en relevant la situation matérielle et morale de nos colonies, on contribuera au relèvement et à l'influence de la patrie.